ANALYSE

GÉOGRAPHIQUE

DE LA CARTE

DE

La Palestine,

PAR A. H. DUFOUR,

GÉOGRAPHE.

A PARIS,

Chez
{
Ch. PICQUET, Géographe ordinaire du Roi et de
S. A. R. Mgr le duc d'Orléans, quai de Conti, n° 17;
Adr. LECLERC, Imprimeur-Libraire, quai des
Augustins, n° 35.

1825.

L'IMPRIMERIE DE CRAPELET, RUE DE VAUGIRARD, N° 9.

ANALYSE

GÉOGRAPHIQUE

DE LA CARTE

DE

La Palestine,

PAR A. H. DUFOUR,

GÉOGRAPHE.

———————•———————

A PARIS,

Chez { Cʜ. PICQUET, Géographe ordinaire du Roi et de
S. A. R. Mᵍʳ le duc d'Orléans, quai de Conti, n° 17 ;
Aᴅʀ. LECLERC, Imprimeur-Libraire, quai des
Augustins, n° 35.

~~~~~~~~~~~~

1825.
~~~~~~~~~~~~

ANALYSE GÉOGRAPHIQUE

DE LA

CARTE DE LA PALESTINE.

———

Le but principal que nous nous sommes proposé en dressant cette Carte de la Palestine, a été de représenter l'état de cette terre classique à l'époque où Jésus-Christ notre sauveur est venu au milieu des hommes pour racheter leurs péchés, nous laver de la tache originelle, et afin que tant de prophéties et la parole du Seigneur fussent accomplies : il sera grand, on l'appellera Fils du Très-Haut : Dieu le placera sur le trône de son père : il régnera sur la famille de Jacob, et son règne n'aura point de fin.

La Géographie, compagne de l'Histoire, en retraçant à nos yeux les anciennes limites des empires, en nous montrant les lieux où furent situées les villes célèbres dont il reste à peine quelques débris ensevelis sous une terre dépeuplée, et dont le nom seul a survécu à leur existence, fixe dans une image immobile cette vaste scène du monde où les peuples furent tour à tour agités par l'iniquité et les passions les plus funestes. « Comment, s'est écrié Jérémie, comment cette ville si pleine de peuple est-elle maintenant si solitaire et si désolée ? La maîtresse des nations est devenue comme veuve ; la reine des provinces a été assujettie au tribut ! »

Si l'homme enthousiasmé pour la sublimité des doctrines et des vertus antiques, aime a se rappeler les lieux témoins de la grandeur des Solon, des Socrate, des Platon et des Zénon, avec quel transport ne cherchera-t-il pas à connaître la terre sanctifiée par l'Homme-Dieu, dont le règne aura la même durée que le monde, et dont les louanges retentiront aux oreilles des nations jusqu'à la fin des siècles !

En se reportant aux temps anciens et surtout à celui où la Palestine jouissait de tout ce qu'on appelle la gloire et la splendeur des nations, avec quel enthousiasme on se rappelle cette contrée mémorable et les noms à jamais glorieux de Jéricho, dont l'antiquité touche presque à la naissance du monde ; d'Hébron, qui fleurissait long-temps avant Athènes ; de Sidon, célèbre par ses ateliers, son commerce, et chantée par Homère ; de Tyr, cette ville riche et superbe, cette reine des mers, dont le prophète Ézéchiel nous a tracé le brillant tableau ; de Jérusalem, si puissante, si belle, et plaintive aujourd'hui, qu'elle a même perdu le souvenir de ses solennités ! Où sont ses portes, ses monumens, ses lévites ? A peine quelques vierges défigurées par la douleur, plongées dans l'amertume, viennent gémir sur le lieu saint. Quelles grandes idées doivent inspirer ce désert d'Horeb, ce mont Sinaï, où un homme conduit par la main de Dieu, grava ces Tables immortelles de la loi, qui doivent un jour gouverner le monde, quand tant de peuples plongés encore aujourd'hui dans l'erreur seront appelés par la miséricorde divine à sortir des ténèbres et rendus à la vie éternelle !

Villes illustres ! vos palais sont détruits, vos temples sont écroulés ; mais à travers cette destruction nous découvrons des vérités sublimes, et, en vous contemplant, le voyageur chrétien est frappé de la prophétie de

Jérémie : « Le Seigneur est devenu comme un ennemi : il a renversé Israël ; il a fait tomber toutes ses murailles ; il a détruit ses remparts, et il a rempli d'humiliation les hommes et les femmes dans le sein de la fille de Juda. »

Pour arriver à l'analyse des élémens dont nous nous sommes servi dans la composition de notre Carte, nous allons indiquer les principales sources où nous avons puisé pour dresser ce travail , que nous livrons à l'examen impartial des hommes qu'un goût tout particulier ramène à l'étude de la géographie et de l'histoire sacrées.

Les principaux fondemens sur lesquels nous appuions le gisement des côtes, sont les observations astronomiques faites par M. le capitaine Gauttier, commandant alors la gabarre de S. M., *la Chevrette*.

Pour les détails de l'intérieur, on s'est servi des routes tirées des ouvrages de célèbres voyageurs modernes, tant français qu'étrangers, tels que Chateaubriand, Ali-Bey, Seetzen, Burckardt, Volney, etc.; on n'a pas négligé non plus les renseignemens donnés par la carte de la Syrie, qui accompagne le grand et magnifique ouvrage de la description d'Égypte.

Les descriptions du pays données par la Genèse, les quatre livres de Moïse, et en général les écrits historiques de l'Ancien et du Nouveau-Testament, ainsi que les ouvrages les plus modernes, tels que la *Geographia sacra* de Bochart, les travaux des savans géographes Danville et Malte-Brun, l'Histoire évangélique de Couet du Vivier, l'Histoire de N. S. J.-C. par le père de Ligny, la Bible de Vence, etc., sont autant de matériaux que nous avons combinés avec les Itinéraires d'Antonin, la Table de Peutinger et les détails géographiques donnés par Strabon, Pline, Ptolémée, Josephe et autres géographes anciens.

La projection de la Carte est dressée d'après l'hypothèse de la terre applatie à ses pôles, c'est-à-dire que la diminution des degrés de longitude de l'équateur au pôle, est calculée d'après les formules qui ont été employées par Schulze pour ses Tables, publiées dans l'Astronomie de De la Lande (1). Par conséquent, les méridiens étant droits, leur intervalle a été calculé et tracé sur les tangentes des parallèles 29° et 33°. La courbure de ces mêmes parallèles a ensuite été conclue sur chaque méridien de la différence de la sécante au rayon. Dans le cadre de la Carte, nous avons indiqué le rapport qui existe entre l'ancienne division de la circonférence et la nouvelle, mise en usage par les mathématiciens.

La partie de la presqu'île de Sinaï, située dans l'Arabie-Pétrée, formée par les deux bras de la mer Rouge, qui sont le golfe Élanitique à l'orient, et le golfe Héropolite au couchant, et qui sépare l'Arabie de la Basse-Égypte, étant comprise dans le cadre de la Carte, ainsi que les monts d'Horeb et de Sinaï où se sont accomplis les augustes mystères, nous avons cru rendre notre travail plus intéressant en y intercallant la route suivie par le grand législateur des Hébreux. Cette marche de Moïse, événement le plus remarquable des temps anciens, n'a pas même été mise en doute par les auteurs profanes (2); tant il est vrai que la vérité se fait jour au milieu des ténèbres.

Nous avons été aidé pour tracer la route dans le désert où le peuple de Dieu entra en quittant l'Égypte, par

---

(1) De la Lande, Astronom., tome IV, p. 777 et suiv.
(2) Strabon, lib. XVI, cap. 11.

plusieurs points qu'a reconnus le voyageur Burckardt, tels que la ville de Petra, le tombeau du grand-prêtre Aaron, et la position précise de la ville d'Asiongaber.

La station de Cadès-Barné a été déterminée par la distance donnée par Moïse au deuxième verset du Deutéronome : « Il y avait *onze journées* de chemin depuis la montagne d'Horeb en venant jusqu'à Cadès-Barné, par la montagne de Séïr. » Du point de Cadès-Barné, Moïse continue d'indiquer sa route dans les premier et deuxième versets du second chapitre du Deutéronome, ainsi qu'il suit : « Nous partîmes de ce lieu-là (Cadès-Barné), et nous vînmes au désert qui mène à la mer Rouge, selon que le Seigneur me l'avait ordonné ; et nous tournâmes long-temps autour du mont Séïr. Le Seigneur me dit alors : « Vous avez assez tourné autour de cette montagne, allez maintenant vers le septentrion. » Ensuite Moïse nous apprend qu'après avoir passé les terres des enfans d'Ésaü qui habitaient en Séïr, ils marchèrent par le chemin de la plaine d'Asiongaber au désert de Moab ; aussi n'avons-nous pas hésité à indiquer à l'orient du lac Asphaltite, la limite du pays des Moabites, occupé avant par les Emim, c'est-à-dire *Terribles*, peuple grand et puissant, et d'une si haute taille, qu'on les croyait de la race d'Enac comme les géans. Au nord-est des Moabites est la limite du pays des Ammonites qui avaient remplacé les Zomzommim, c'est-à-dire *Scélérats*, peuples qui, comme les Emim, étaient nombreux et d'une taille fort élevée. Les tribus des Arabes-Hébreux qui occupaient l'Arabie-Pétrée, tels que les Édomites dont il est parlé dans la géographie des siècles les plus reculés, les Madianites et les Nabathéens, tribus qui faisaient remonter leur origine à Ismaël, ont été indiquées sur la Carte.

Une position non moins importante que toutes celles

qui précèdent, la ville de Madian, que Danville place sur toutes ses cartes à l'orient du golfe Élanitique, vers le 28° 20′ de latitude et 52° 50′ de longitude, comptée du méridien de l'île de Fer, a été conservée par nous sur la Carte de la Palestine, avec l'indication du nom de Danville; mais nous n'avons pas cru devoir, par rapport à quelques données historiques, nous borner seulement à l'emplacement assigné à cette ville par cet illustre géographe.

Moïse fuyant la tyrannie de Pharaon bien des années avant sa mission, s'était retiré à Madian, ville fondée par un des fils d'Abraham et de Cetura (1), et s'était allié à Jethro, prêtre de Madian, en épousant sa fille Séphora. Madian, suivant Josephe (2), était située au bord de la mer Rouge; cette ville appartenait aux Cinéens qui étaient au sud des Amalécites, et occupaient la péninsule de Sinaï. Pendant le temps que Moïse était retiré à Madian, d'où il allait au fond du désert, au pied de la montagne de Dieu, nommé Horeb, faire paître les troupeaux de Jethro son beau-père, les enfans d'Israël gémissant sous le poids de l'esclavage qui les accablait, crièrent vers le ciel; Dieu entendit leurs gémissemens, se souvint de l'alliance qu'il avait faite avec Abraham, Isaac et Jacob, regarda favorablement les enfans d'Israël, et il les reconnut pour son peuple. Moïse partit alors pour la délivrance des Hébreux, et après sa sortie de l'Égypte, revint à la tête des Israélites dans la presqu'île de Sinaï. Jethro, apprenant les merveilles que le Seigneur opérait par les mains de son gendre, se rendit au camp des Hébreux (3), menant avec lui la

_____

(1) Gen. XXV, v. 1, 2.
(2) Joseph. antiq. lib. II, cap. 5.
(3) Exode. 18.

femme de Moïse et ses deux enfans Gersam et Eliézer.
Comment, si la ville de Madian avait été située à l'orient
du golfe Élanitique, Moïse serait-il venu de si loin faire
paître les troupeaux de son beau-père, et ce dernier
aurait-il pu venir si tôt à la rencontre de son gendre?
Nous ignorons qu'elles ont pu être les raisons de Danville
pour l'emplacement qu'il assigne à la ville de Madian,
mais nous en avons de très fortes pour la placer dans la
presqu'île de Sinaï, à l'ouest du golfe Élanitique.

La vallée d'Aulon, que Danville n'indique que vers le
fleuve Léontes, entre les monts Liban et Anti-Liban,
s'étendait, selon Eusèbe, le long du Jourdain, depuis le
Liban jusqu'à la mer Rouge. Scythopolis, Jéricho, Tibé-
rias et Petra étaient dans cette vallée. Cette indication
précise ne nous démontre-t-elle pas que la vallée d'Aulon
est la même que celles de El-Ghor, El-Aqabâh, suivies
par le voyageur Burckardt, et qui sert de récipient pour
le déchargement des eaux du Jourdain dans la mer
Rouge par le golfe Élanitique, aujourd'hui nommé
Bahr-El-Aqabâh?

Quoique le but de cette Carte soit de représenter l'état
de la Palestine au moment où notre divin Rédempteur est
descendu sur la terre, nous avons cependant cherché à y
reproduire, avec un genre de gravure tout particulier, les
noms des douze tribus fondées par les douze plus illustres
princes du peuple et *principaux* chefs de l'armée d'Israël,
tous marchant sous les ordres de Dieu, à qui l'univers
appartient, et qui dispense les sceptres et les royaumes
à qui bon lui semble. Voici quelles étaient les limites
des tribus selon Josephe (1), et que nous avons établies
sur la Carte d'après lui : la tribu de Juda s'étendait en

____

(1) Jos. antiq. lib. V, cap. 1.

longueur depuis les montagnes de l'Idumée jusqu'à Jérusalem : sa largeur allait jusqu'au lac Asphaltite ; Siméon avait la partie de l'Idumée qui confine aux pays des Philistins et à l'Arabie-Pétrée ; Benjamin comprenait Jérusalem , et s'étendait jusqu'au Jourdain : Béthel bordait cette tribu au septentrion ; Éphraïm avait sa largeur depuis Béthel , et sa longueur entre Gadara et le fleuve du Jourdain ; la moitié de Manassé occupait l'espace qui est entre le Jourdain et Dora , et du midi au nord elle s'avançait jusqu'à Bethsam ou Scythopolis ; on donna à Issachar ce qui est compris depuis le Jourdain jusqu'au Carmel , et sa largeur se terminait au mont Ithabarim ou Tabor ; Zabulon était placé entre la mer Méditerranée et le lac de Génésareth ou mer de Galilée ; Azer possédait cette plaine environnée de montagnes qui est derrière le Carmel , à l'opposite de Sidon , dans laquelle se rencontre la ville d'Aco ; Nephtalie occupa la Haute-Galilée, le mont Liban et les sources du Jourdain ; Dan , tout le territoire qui commence à Accaron, et finit aux confins de Juda. Quant aux tribus de Ruben, de Gad, et à l'autre demi-tribu de Manassé , elles s'emparèrent des terres des Amorrhéens.

La Palestine après avoir été partagée entre ces douze tribus , devint un corps de république sous le gouvernement des juges , et un royaume sous les règnes de Saül, de David et de Salomon. Roboam ayant indisposé, en montant sur le trône, les dix tribus de Gad , Manassé, Nephtalie , Azer, Zabulon, Issachar , Éphraïm , Dan , Siméon et Ruben , elles secouèrent le joug, et passèrent sous la domination de Jéroboam : on nomma ce nouvel état, le royaume d'Israël. Le royaume de Juda comprenait, avec la tribu du même nom , celle de Benjamin.

Après le retour de la captivité, et dans les temps qu'on

appelle du second temple, la Palestine contenait quatre provinces, savoir : la Judée située au midi ; la Galilée au nord ; la Samarie au centre ; et la Pérée, que cette dénomination désigne comme étant au-delà du fleuve du Jourdain. Après la mort d'Hérode, la Palestine fut partagée entre ses trois fils, Archélaüs, Hérode-Antipas et Philippe. Archélaüs, fils aîné d'Hérode, eut la Judée propre ; elle contenait tout ce qui avait appartenu aux tribus de Juda, de Benjamin, de Siméon et de Dan : Jérusalem en était la capitale. Ce prince ne la garda pas long-temps, les Romains le détrônèrent et s'emparèrent de son royaume. Sous l'an xve de l'empire de Tibère-César, Ponce-Pilate eut l'administration de la Judée au nom des Romains ; Hérode-Antipas était tétrarque de la Galilée ; Philippe son frère, de l'Iturée et de la province de Trachonite, et Lysanias, d'Abylène. Anne et Caïphe étaient grands-prêtres (1). Telles étaient les grandes démarcations de la Palestine que nous avons indiquées sur notre Carte au moment où le Messie envoyé de Dieu parut comme l'aurore de la grande lumière qui devait éclairer le monde, et pour accomplir son divin sacrifice.

Les légendes gravées autour de la Carte indiquent les lieux où se sont passés les principaux événemens de l'histoire de la vie de notre seigneur Jésus-Christ, et se rapportent à la route qu'il a suivie dans la Palestine pendant le temps de sa mission. La loi a été donnée par Moïse, mais lui seul en a écrit l'histoire ; il n'en est pas de même de l'histoire de l'Évangile, puisqu'il a plu à Dieu qu'elle fût écrite par quatre de ses apôtres. Ils ne rapportent pas toujours tous quatre les mêmes faits, et

─────────────────────────────

(1) Évang. sel. s. Luc, chap. III.

souvent deux parlent des mêmes choses, tandis que les deux autres se taisent ; il a donc fallu, dans le court résumé des légendes, faire coïncider entre elles les époques historiques données par les quatre narrateurs, en nous conformant à l'ordre chronologique de Riccioli corrigé.

Les grandes bases du travail une fois posées, examinons le plus succinctement possible les moyens que nous avons employés pour déterminer les principaux points de la Palestine.

Le gisement de la côte orientale de la mer Méditerranée depuis Sidon jusqu'au mont Casius, a été tracé, comme nous l'avons dit, d'après les relèvemens pris en mer par M. le capitaine de vaisseau Gauttier, et assujetti aux observations astronomiques du même navigateur (1). La figure que ces nouvelles observations donnent à la partie orientale de la mer, place la côte plus à l'ouest que ne le marquent les cartes ordinaires, de 15′ 30″. Par exemple, la ville de Césarée, aujourd'hui Qaïssârieh, a été observée en latitude, à 32° 32′ 25″, et en longitude par suite des triangles, les montres ayant été réglées sur le méridien d'Alexandrie, à 32° 34′ 30″ à l'orient du méridien de Paris. Les meilleures cartes de la Syrie que nous possédons (2), marquent Césarée au 32° 36′ de latitude, et 32° 53′ de longitude ; différence en moins pour la latitude 4′ 25″, et différence en moins pour la

____

(1) Additions à la connaissance des temps, pour l'an 1821, page 281.

(2) Voir la carte de la Syrie qui accompagne la description de l'Égypte, dressée par M. le colonel Jacotin, et la carte de la Syrie pour servir à l'histoire des conquêtes du général Buonaparte, par M. Lapie.

longitude 19' 3o". A peu de chose près , les mêmes différences existent pour les positions d'Ascalon , Joppé, aujourd'hui Jaffa , le .cap Carmel , Aco, aujourd'hui Saint-Jean-d'Acre , et Tyr , aujourd'hui Sour.

L'intérieur de la Palestine a été rédigé, pour ce qui est compris entre la mer Méditerranée et la rive occidentale du fleuve Jourdain , d'après la carte de la Syrie dressée par M. le colonel Jacotin, et une carte manuscrite faite par le voyageur Seetzen, plus exacte à beaucoup d'égards que l'autre. La partie comprise au-delà du Jourdain est le résultat des détails donnés par les voyageurs Burckardt et Seetzen. La configuration du territoire que comprend sur notre Carte la Décapole , ainsi nommée d'après le nombre de ses villes capitales, et aujourd'hui occupée par les tribus des Arabes Haoûarî et Serdîeh , présente une différence bien grande avec le même pays figuré sur les cartes modernes, et notamment avec celles publiées avant les renseignemens donnés par les savans qui ont fait partie de l'expédition d'Égypte.

La direction et le gisement du lac Asphaltite ont été corrigés d'après plusieurs points correspondans et directions données par les journaux de voyage de Seetzen et Burckardt. Par suite de ces divers renseignemens , le lac Asphaltite prend une direction plus nord-sud que ne l'indique la carte de M. Jacotin.

L'emplacement des villes est assujetti aux distances données par la Table de Peutinger (1) , et par les autres auteurs anciens. On a aussi profité , pour la position de plusieurs villes anciennes, telles que Bostra, Gerasa , Zoara, etc., des savantes recherches des voyageurs modernes.

----

(1) Peuting. Tab. ed. Scheÿb. Vindobonæ , 1753, in-fol.

La ville de Gerasa n'était pas, comme on l'a cru pendant long-temps et comme l'a placée Danville sur sa carte, au nord-est de la mer de Galilée, mais beaucoup plus au sud-est de cette mer, sur un petit torrent qui se jette dans le Jabok. Nous nous sommes fondé pour cette opinion sur celle du savant Mannert, et sur la reconnaissance des localités par Seetzen et Burckardt.

D'après les itinéraires des voyageurs, la ville de Jérusalem est plus à l'ouest que ne l'a indiquée M. Jacotin sur sa carte de la Syrie.

Jérusalem, d'après notre Carte, latit. 31° 50'; long. 32° 57'.

Jérusalem, d'après la carte de M. Jacotin, latit. 31° 46'; longit. 33° 12'.

Latit. différence en + 4'; longit. différence en — 15'.

On a cherché avec un soin tout particulier à donner dans cette Carte les noms des principaux lieux mentionnés dans la Bible et dans le Nouveau-Testament, qui ont été le théâtre des glorieuses actions de notre divin Rédempteur.

En dressant cette Carte, fruit de deux années d'un travail constant et de recherches pénibles, nous avons eu pour but d'être utile à ceux qui enseignent ou qui étudient l'Histoire Sacrée, et de rendre plus positives les preuves accumulées de l'origine de notre sublime religion. On espère donc qu'elle offrira un intérêt majeur à ceux qui lisent avec fruit les saintes Écritures. L'auteur croit être arrivé au plus haut point d'exactitude que permettent les connaissances actuelles, ayant été secondé par de savans conseils (1), et à portée de se servir des excel-

____

(1) Le rédacteur de cette Carte est élève de M. le chevalier Lapie, et celui auquel cet habile géographe a prodigué le plus de soins.

lens matériaux qui sont dus aux voyageurs modernes.

Pour que son exécution ne laissât rien à désirer, la gravure de la partie topographique a été confiée à l'habile M. Blondeau, graveur du Roi, et premier graveur du dépôt de la guerre, qui y a apporté tous ses soins. On doit à l'amitié de M. Devéria le dessin d'une vignette gravée d'une manière digne du gracieux talent de cet artiste distingué.

DE L'IMPRIMERIE DE CRAPELET,
rue de Vaugirard, n° 9.